SACAGAWEA

por **Lise Erdrich**

ilustraciones por **Julie Buffalohead**

ediciones Lerner / Minneapolis

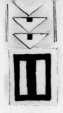

A mis sobrinos   —L.E.

A mis padres, Roger y Priscilla   —J.B.

La editorial desea expresar su agradecimiento a la Dra. Mary Jane Schneider,
Jefa del Departamento de Estudios Indios de la Universidad de Dakota
del Norte, por su ayuda en la preparación de este libro.

Traducción al español: copyright © 2005 por ediciones Lerner
Título original : *Sacagawea*
Texto: copyright © 2003 por Lise Erdrich
Ilustraciones: copyright © 2003 por Julie Buffalohead
Mapa por Laura Westlund

La edición en español fue realizada por un equipo de traductores nativos de español de translations.com, empresa mundial dedicada a la traducción.

ediciones Lerner
Una división de Lerner Publishing Group
241 First Avenue North
Minneapolis, MN 55401 EUA

Dirección de Internet: www.lernerbooks.com

Library of Congress Cataloging-in-Publication Data

Erdrich, Liselotte.
Sacagawea / por Lise Erdrich ; ilustraciones por Julie Buffalohead.
p. cm.
ISBN-13: 978–0-8225–3191–3 (lib. bdg. : alk. paper)
ISBN-10: 0–8225–3191–7 (lib. bdg. : alk. paper)
1. Sacagawea—Juvenile literature. 2. Lewis and Clark Expedition (1804–1806)—Juvenile literature. 3. Shoshoni women—Biography—Juvenile literature. 4. Shoshoni Indians—Biography—Juvenile literature. I. Buffalohead, Julie, ill. II. Title.
F592.7.S123E73 2005
978.004'974574'0092—dc22   2005008972

Fabricado en los Estados Unidos de América
1 2 3 4 5 6 – JR – 11 10 09 08 07 06

Comentario de la autora

Existen varias opiniones sobre la pronunciación y ortografía del nombre de la adolescente que viajó con Lewis y Clark en la expedición del *Corps of Discovery*.

Las tribus indígenas americanas no tenían lengua escrita en la época en que se realizó esta expedición. Incluso las personas educadas de esa época, como el capitán Lewis, escribían las palabras según su pronunciación, o de varias formas distintas. Por ello, ni siquiera los diarios de la expedición pueden decirnos cómo se escribía exactamente el nombre de la joven.

En el estado de Dakota del Norte, la ortografía oficial de este nombre es "Sakakawea". Los lingüistas piensan que esta forma del nombre es fiel a las palabras hidatsa que significan "mujer pájaro": *tsakaka*, significa pájaro, y *wias*, mujer. Esta forma del nombre también tiene la aprobación de las Tres Tribus Afiliadas de Dakota del Norte. La ortografía oficial utilizada por la Junta de Nombres Geográficos de los Estados Unidos, el Servicio de Parques Nacionales, la Sociedad Geográfica Nacional y la Casa de la Moneda de los Estados Unidos es "Sacagawea", que refleja el sonido gutural del la g en hidatsa. Esta versión del nombre me parece un acuerdo apropiado.

EN UN VALLE DE LAS MONTAÑAS ROCALLOSAS
en el que tres ríos se unen y forman uno solo, cerca del año 1800,
estaba acampado un grupo de indios shoshones. Bajaban de las
montañas solamente una vez al año, en busca de búfalos. Un día,
mientras las mujeres secaban la carne de búfalo sobre el fuego
y los hombres cazaban, una joven de once o doce años estaba
ocupada ayudando en los preparativos para la llegada del invierno.
Recolectaba raíces, bayas y leña en la ribera del río. Las mujeres
tenían que trabajar con rapidez. Estaban en territorio enemigo
y las tribus contrarias tenían rifles.

De pronto, ruidos y confusión
interrumpieron la tranquilidad del
campamento. ¡El enemigo atacaba!
La joven corrió y se internó en el río
tratando de escapar. Los guerreros
hidatsa la capturaron y se fueron
rápidamente en sus caballos. Otros
shoshones fueron capturados también
y algunos, asesinados. Los hidatsa
robaron sus hermosos caballos.

LOS GUERREROS HIDATSA y sus prisioneros viajaron hacia el este. Las montañas y los bosques se perdían en la distancia a medida que avanzaban por las Grandes Planicies. La vastedad del paisaje abrumaba a la joven shoshone a medida que la alejaban más y más del mundo que conocía.

Una mañana, cuando finalmente llegaron a las aldeas de adobe de los indios mandan y hidatsa, la joven miró con asombro el campamento. Las mujeres remaban en botes con forma de tazón en dirección a sus huertas. El humo se elevaba de grandes tazones volteados que se agrupaban sobre la alta ribera del río. Estos tazones tenían puertas por las que salían personas, ¡muchas personas!

Cinco mil personas vivían en las aldeas indias donde el río Knife desemboca en el Missouri. Ni siquiera en Saint Louis, la importante y lejana ciudad de la gente blanca y los comerciantes de pieles, vivían tantas personas.

LA JOVEN SHOSHONE fue a vivir a un hogar hidatsa. Le dieron el nombre de "Sacagawea", que significa "mujer pájaro". Las mujeres hidatsa le enseñaron a cuidar la huerta, que crecía en las fértiles tierras a lo largo del río. Sacagawea se asombró al ver las maravillosas plantas nuevas: maíces, zapallos, frijoles, calabazas y girasoles. Su gente, los shoshone, no cultivaban la tierra. Eran nómadas que recolectaban su alimento de la naturaleza.

Sacagawea aprendió a cantarle al maíz para ayudarlo a crecer. Espantaba a las aves hambrientas de la huerta.

El girasol, alma amiga de la huerta, alumbraba sus días.

Llevaba a casa lo que había cosechado en una barcaza, un tazón redondo fabricado con cuero de búfalo al que se le dejaba la cola para que sirviera de timón.

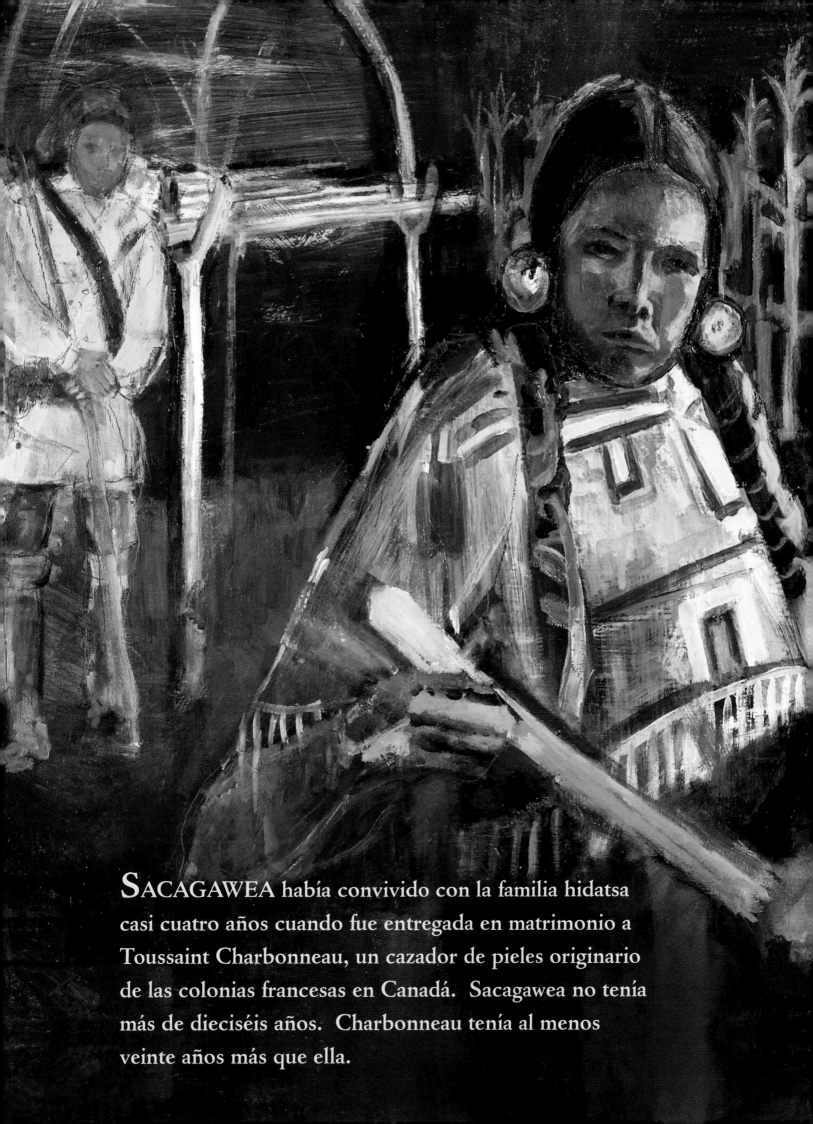

SACAGAWEA había convivido con la familia hidatsa
casi cuatro años cuando fue entregada en matrimonio a
Toussaint Charbonneau, un cazador de pieles originario
de las colonias francesas en Canadá. Sacagawea no tenía
más de dieciséis años. Charbonneau tenía al menos
veinte años más que ella.

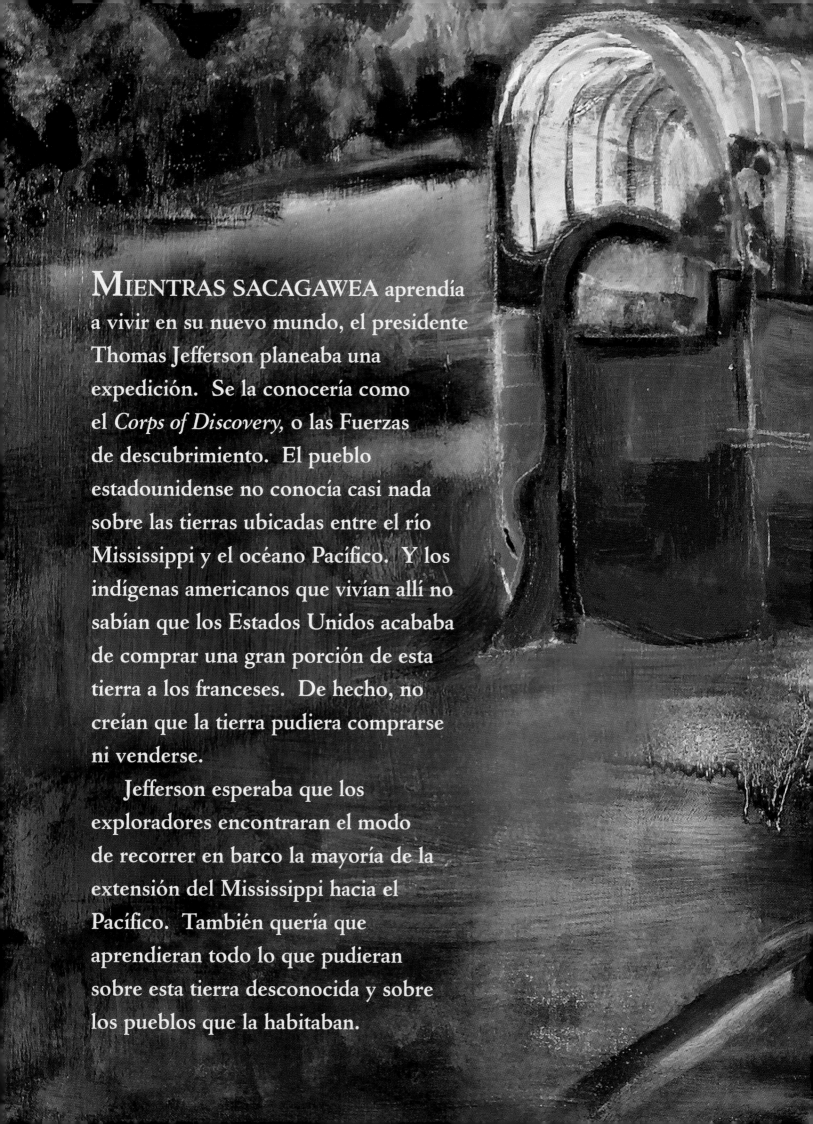

MIENTRAS SACAGAWEA aprendía
a vivir en su nuevo mundo, el presidente
Thomas Jefferson planeaba una
expedición. Se la conocería como
el *Corps of Discovery*, o las Fuerzas
de descubrimiento. El pueblo
estadounidense no conocía casi nada
sobre las tierras ubicadas entre el río
Mississippi y el océano Pacífico. Y los
indígenas americanos que vivían allí no
sabían que los Estados Unidos acababa
de comprar una gran porción de esta
tierra a los franceses. De hecho, no
creían que la tierra pudiera comprarse
ni venderse.

Jefferson esperaba que los
exploradores encontraran el modo
de recorrer en barco la mayoría de la
extensión del Mississippi hacia el
Pacífico. También quería que
aprendieran todo lo que pudieran
sobre esta tierra desconocida y sobre
los pueblos que la habitaban.

Los capitanes Meriwether Lewis y William Clark
dirigirían la expedición. Comenzaría cerca de Saint Louis,
en donde el río Missouri desemboca en el Mississippi.

El 14 de mayo de 1804, una tripulación de más de
cuarenta hombres inició su travesía río arriba por el
Missouri en un barco de quilla y dos grandes canoas
llamadas "piraguas". La expedición del *Corps of
Discovery* estaba en camino.

L<small>A</small> EXPEDICIÓN llegó a las aldeas del río Knife a finales de octubre. Los recibieron con gran entusiasmo. Sacagawea escuchó historias sobre un perro negro gigante que viajaba con los exploradores. Escuchó sobre un bravo y asombroso "hombre blanco" de piel negra que formaba parte de la tripulación. Éste era York, el esclavo del capitán Clark.

Los exploradores construyeron un fuerte y lo llamaron Fuerte Mandan. Luego se instalaron y pasaron el invierno en las aldeas del río Knife. Lewis y Clark pronto aprendieron que necesitarían caballos para cruzar las Rocallosas. Los aldeanos les contaron que podían obtener caballos con los shoshones cuando la expedición llegara a los pasos montañosos.

EL ASTUTO CHARBONNEAU les propuso
que lo contrataran como guía e intérprete.
No hablaba shoshone, pero Sacagawea sí. Le
dijo a su esposa que se uniría a la expedición en
la primavera. Éstas eran noticias emocionantes
para Sacagawea, pero su mente estaba puesta
en otra cosa. Pronto daría a luz a un hijo.

EN FEBRERO, llegó el momento de que Sacagawea
tuviera su bebé. Fue un parto largo y difícil. El capitán
Lewis quiso ayudarla. Le dio a un miembro de la
tripulación un cascabel de serpiente para que lo triturara
y lo mezclara con agua. Unos pocos minutos después de
beber la mezcla, Sacagawea dio a luz a su pequeño hijo
varón. Le pusieron de nombre "Jean-Baptiste
Charbonneau", pero el capitán Clark lo llamo "Pompy".
En poco tiempo, todos lo conocían como "Pomp".

El 7 de abril de 1805, la expedición inició su travesía
hacia el oeste, luchando contra la corriente poderosa
y turbia del Missouri en dos piraguas y seis canoas
más pequeñas. Pomp no tenía ni siquiera dos meses
de edad. Cuando Sacagawea caminaba por la ribera,
llevaba a Pomp sobre su espalda, en una especie
de mochila porta bebés o envuelto ceñidamente
en su rebozo.

CADA MIEMBRO de la expedición iba
contratado por una habilidad especial: había
cazadores, herreros, carpinteros y marineros.
Como intérprete, Charbonneau cobraba
mucho más dinero que cualquier otro, pero
sus habilidades como marino, guía y
explorador eran muy limitadas. La única cosa
que hacía bien era cocinar salchicha de búfalo.

Sacagawea hacía todo lo que podía por
ayudar a la expedición, a pesar de no cobrar
ni un centavo. Mientras caminaba por la
orilla junto con el capitán Clark, buscaba
plantas que podían servir para curar a la
tripulación. Recolectaba bayas o
desenterraba raíces de cardo lechero con su
coa, un palo que sirve para remover la tierra.
Su niñez shoshone la había preparado bien
para este viaje.

LA EXPEDICIÓN había viajado menos de dos meses cuando estuvo a punto de terminar en desastre. Charbonneau dirigía un bote por aguas picadas cuando una ráfaga de viento le dio vuelta hacia un costado. Perdió el control y soltó el timón con el bote lleno de agua. Las provisiones de la expedición se escaparon flotando. Charbonneau recibió la orden de que diera vuelta el bote o sería fusilado.

Sacagawea, con calma, rescató las cosas importantes de los capitanes, sus diarios de navegación, pólvora, medicinas e instrumentos científicos, todo bulto que pudo alcanzar. Sin estas provisiones, la expedición no podría haber continuado.

Unos pocos días después, llegaron a un hermoso río. Los capitanes, en agradecimiento, le pusieron de nombre "Sacagawea".

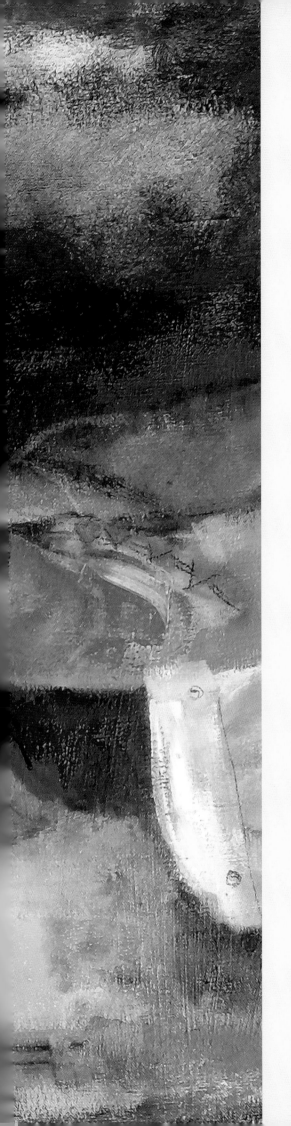

EN JUNIO, LA EXPEDICIÓN entraba en la región montañosa. Pronto pudieron escuchar el rugido distante de las Grandes cataratas del Missouri. Para el capitán Lewis, éstas eran el mejor paisaje que jamás había visto. Sin embargo, no había manera de atravesarlas en bote. Les llevaría cerca de un mes rodear las Grandes cataratas y las cuatro cascadas que se encontraban justo detrás de ellas.

Construyeron unos vagones toscos y rudimentarios para llevar los botes y las provisiones. Azotados por el granizo, la nieve y el viento, los hombres arrastraron los vagones sobre rocas filosas y nopales que atravesaban sus mocasines.

Un día, una lluvia inesperada causó un aluvión. Rocas, lodo y agua bajaron en picada por el cañón. Sacagawea se abrazó a su hijo con todas sus fuerzas y Clark los empujó y arrastró hasta un lugar seguro. La cuna, la ropa y las cobijas de Pomp desaparecieron con el agua, pero ni él, ni su madre ni el capitán sufrieron herida alguna.

A MEDIADOS DE JULIO, la expedición volvió a navegar por el Missouri. Llegaron a un valle donde tres ríos se unían, un lugar que Sacagawea conocía bien. Si estaba triste de verlo otra vez, no lo demostró. Los capitanes se enteraron de la captura de Sacagawea y del asesinato de su gente.

Sacagawea reconoció una montaña que su gente usaba como referencia, llamada "Cabeza de Castor." Sabía que debían estar acercándose al campamento de verano de los shoshones.

Casi dos semanas después, Sacagawea caminaba por la ribera del río tratando de encontrar territorio que le fuera familiar cuando vio a algunos hombres a caballo a lo lejos, delante de ellos. De pronto, el capitán Clark vio que ella saltaba y danzaba de alegría chupándose los dedos. Sabían que esto significaba que esa era su gente, los shoshones.

Una multitud entusiasmada saludó a los exploradores en el campamento shoshone. A pesar de que habían pasado muchos 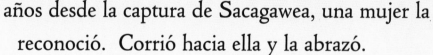 años desde la captura de Sacagawea, una mujer la reconoció. Corrió hacia ella y la abrazó.

LEWIS Y CLARK habían descubierto que necesitarían los caballos de los shoshones más de lo que esperaban. Había más territorio montañoso del que pensaban entre el río Missouri y una ruta navegable hacia el Pacífico. Se realizó una reunión del gran consejo para discutir el asunto. Sacagawea fue una de las traductoras.

Interpretar la reunión del consejo del jefe era una gran responsabilidad. Sacagawea quería hacer un buen trabajo, pero al ver la cara del jefe shoshone, comenzó a llorar. ¡Era su hermano, Cameahwait! Sacagawea saltó, tiró su manta sobre él y lloró.

A Cameahwait también lo invadió la emoción. Pero el consejo debía continuar. A pesar de las constantes lágrimas, Sacagawea realizó su tarea hasta el final.

SACAGAWEA pasó los últimos días de agosto con su gente. El tiempo transcurrió muy rápido. Pronto la expedición tuvo que montar en los caballos de los shoshones para continuar su travesía por las montañas, dejando sus barcos atrás.

En la siguiente etapa del viaje
estuvieron a punto de morir.
Los senderos de la montaña eran
estrechos y peligrosos, y la nieve
que comenzaba a caer empeoró
la situación. Sus pies se congelaron,
no tenían suficiente comida, y las
montañas parecían interminables.

Finalmente, la expedición
emergió por el costado del Pacífico
de Montañas Rocallosas. Allí, los
indios nez percé los ayudaron a
construir nuevos botes y aceptaron
cuidarles los caballos por si volvían
por esa ruta en la primavera.

Con gran alivio, la tripulación
echó los botes al río Clearwater y
dejó que la corriente los llevara hacia
el océano.

ACOMIENZOS de noviembre, los exploradores escucharon un sonido que no podía ser otra cosa más que la rompiente de las olas. ¡Finalmente habían llegado al océano Pacífico!

La tripulación votó sobre el lugar en donde levantarían el campamento de invierno. Sacagawea también pudo votar. Quería quedarse donde pudiera encontrar muchas raíces de wapato para la comida de invierno. Levantaron un campamento cerca del océano por si un barco venía para llevarlos de regreso a casa. Pero para ese entonces, la gente en el este pensaba que toda la expedición había muerto hacía tiempo. Ningún barco vino a buscarlos.

La fría lluvia los obligó a cortar troncos y construir el Fuerte Clatsop. Los cazadores buscaban comida mientras Sacagawea buscaba raíces de wapato en el terreno empapado.

El día de Navidad fue lluvioso y sombrío, pero la expedición estaba decidida a celebrar. Los hombres celebraron cantando y echando tiros al aire. Sacagawea le dio al capitán Clark como hermoso regalo dos docenas de colas de comadreja blanca.

A PRINCIPIOS DE ENERO, algunos indios le contaron a Clark que una ballena había encallado en la costa. Decidió bajar hacia el océano para obtener grasa de ballena para que la tripulación comiera. Estaban cansados de pescado y carne seca y putrefacta.

Sacagawea juntó coraje e insistió en acompañarlo. Había viajado tanto que no quería irse sin antes ver el mar. Y quería ver a la monstruosa criatura. Los capitanes aceptaron que fuera.

Por fin, Sacagawea vio el océano Pacífico. Inmóvil, observó frente a ella las grandes aguas que se unían con el horizonte. En la playa se encontraba un gran esqueleto de ballena. Era una vista imponente, medía como casi veinte hombres recostados. Ya había sido desollada por completo, pero Clark pudo comprarle a los indios algo de grasa para alimentar a sus hombres.

LA TRIPULACIÓN TRABAJÓ todo el
invierno cazando, reparando los mocasines y sus equipos.
Clark hizo mapas, mientras Lewis trabajaba en el informe
para el presidente Jefferson.

Sacagawea cuidaba a Pomp, ya que empezaba a caminar.
El capitán Clark lo llamaba "mi pequeño bailarín". Se había
encariñado con Sacagawea y su hijo. Cuando llegara el
momento, la separación sería muy difícil.

Llegó la primavera, y con ella el momento de
regresar por el camino en que habían venido. A fines de marzo,
el *Corps of Discovery* navegó aguas arribas por el río Columbia
para recuperar los caballos que habían dejado con los nez percé.

En un lugar llamado "Descanso del viajero", la expedición
se dividió en dos grupos. Sacagawea ayudó a Clark a guiar a su
grupo al sur, hacia el río Yellowstone. El grupo de Lewis se
dirigió al norte a explorar el río Marias.

A finales de julio, el grupo de Clark se encontró con una
enorme torre de roca en la ribera del río Yellowstone. Clark la
nombró "Torre de Pompy" en honor de su adorado amiguito.
En un costado de la roca, escribió:

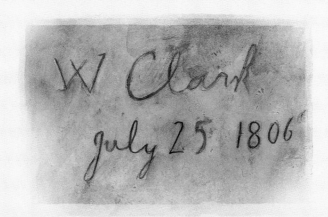

LOS DOS GRUPOS se encontraron el 12 de agosto. Dos días después, Sacagawea pudo ver una vez más las casas redondas de adobe de las aldeas del río Knife. Había estado fuera un año y cuatro meses.

Lewis y Clark se prepararon para volver a Saint Louis. Antes de partir, el capitán Clark habló con Sacagawea y Charbonneau. Les ofreció llevarse con él a Pomp a Saint Louis. Su intención era darle una buena educación al niño y criarlo como si fuera su propio hijo.

Sacagawea sabía que el capitán haría lo que prometía, pero el niño no tenía ni siquiera dos años de edad. No podía dejarlo ir todavía. Sacagawea y Charbonneau prometieron llevar a Pomp a visitar a Clark después de que transcurriera un año.

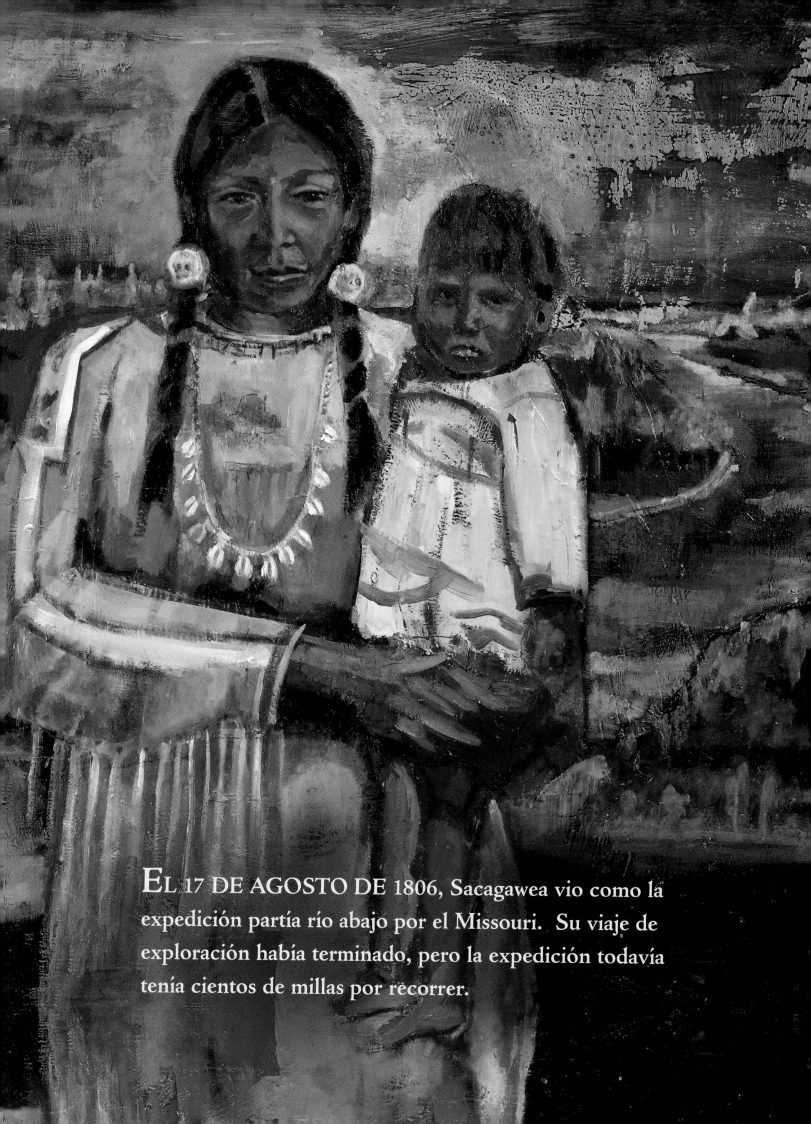

EL 17 DE AGOSTO DE 1806, Sacagawea vio como la expedición partía río abajo por el Missouri. Su viaje de exploración había terminado, pero la expedición todavía tenía cientos de millas por recorrer.

Epílogo

Cuando el *Corps of Discovery* regresó a Saint Louis, los recibieron con ovaciones y celebraciones. La noticia del éxito de la expedición se propagó rápidamente. Lewis y Clark se convirtieron en héroes en todos los Estados Unidos.

No hay datos suficientes que permitan reconstruir con facilidad la historia de Sacagawea después de que finalizó la expedición. Cuando Pomp tenía alrededor de cinco años, Sacagawea y Charbonneau lo llevaron a Saint Louis y lo dejaron con el capitán Clark. Éste lo llevó a un internado a aprender a leer y escribir, y para que le enseñaran las costumbres del mundo de los blancos.

Se cree que Sacagawea dio a luz a una niña llamada Lizette en el verano de 1812. Existen informes que establecen que la joven esposa de Charbonneau murió de una fiebre el invierno de ese mismo año en Fuerte Manuel, en lo que después sería Dakota del Sur. La mayoría de los historiadores creen que la mujer que murió fue Sacagawea. No obstante, algunos piensan que fue la otra esposa shoshone de Charbonneau la que murió ese invierno.

Algunos creen que Sacagawea vivió hasta ser anciana. De acuerdo con una leyenda shoshone, una mujer llamada Sacajawea murió en 1884 en la reservación india Wind River de Wyoming. Tenía cerca de cien años de edad. Una leyenda de Dakota del Norte dice que una mujer hidatsa llamada Sakakawea, de ochenta años, fue asesinada por un guerrero enemigo en Montana en 1869.

Ya sea que haya muerto de anciana o no, Sacagawea permanecerá en la memoria popular como la joven valiente con un bebé que se asoma sobre sus hombros. Cuando partió con el *Corps of Discovery* río arriba por el Missouri, no se imaginaba que se convertiría en una leyenda.

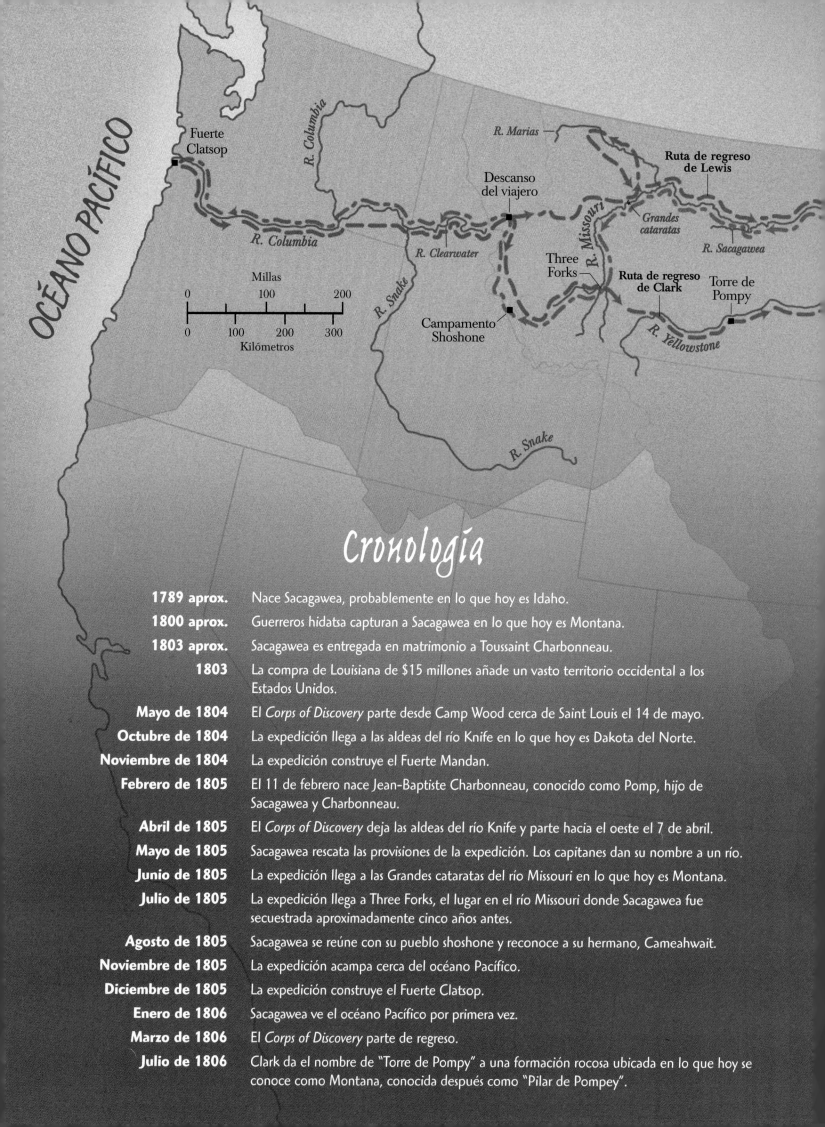

OCÉANO PACÍFICO

Fuerte Clatsop

R. Columbia

R. Columbia

R. Clearwater

R. Snake

R. Marias

Descanso del viajero

Ruta de regreso de Lewis

Grandes cataratas

R. Sacagawea

R. Missouri

Three Forks

Ruta de regreso de Clark

Torre de Pompy

Campamento Shoshone

R. Yellowstone

R. Snake

Millas

0   100   200

0   100   200   300

Kilómetros

Cronología

1789 aprox.	Nace Sacagawea, probablemente en lo que hoy es Idaho.
1800 aprox.	Guerreros hidatsa capturan a Sacagawea en lo que hoy es Montana.
1803 aprox.	Sacagawea es entregada en matrimonio a Toussaint Charbonneau.
1803	La compra de Louisiana de $15 millones añade un vasto territorio occidental a los Estados Unidos.
Mayo de 1804	El *Corps of Discovery* parte desde Camp Wood cerca de Saint Louis el 14 de mayo.
Octubre de 1804	La expedición llega a las aldeas del río Knife en lo que hoy es Dakota del Norte.
Noviembre de 1804	La expedición construye el Fuerte Mandan.
Febrero de 1805	El 11 de febrero nace Jean-Baptiste Charbonneau, conocido como Pomp, hijo de Sacagawea y Charbonneau.
Abril de 1805	El *Corps of Discovery* deja las aldeas del río Knife y parte hacia el oeste el 7 de abril.
Mayo de 1805	Sacagawea rescata las provisiones de la expedición. Los capitanes dan su nombre a un río.
Junio de 1805	La expedición llega a las Grandes cataratas del río Missouri en lo que hoy es Montana.
Julio de 1805	La expedición llega a Three Forks, el lugar en el río Missouri donde Sacagawea fue secuestrada aproximadamente cinco años antes.
Agosto de 1805	Sacagawea se reúne con su pueblo shoshone y reconoce a su hermano, Cameahwait.
Noviembre de 1805	La expedición acampa cerca del océano Pacífico.
Diciembre de 1805	La expedición construye el Fuerte Clatsop.
Enero de 1806	Sacagawea ve el océano Pacífico por primera vez.
Marzo de 1806	El *Corps of Discovery* parte de regreso.
Julio de 1806	Clark da el nombre de "Torre de Pompy" a una formación rocosa ubicada en lo que hoy se conoce como Montana, conocida después como "Pilar de Pompey".

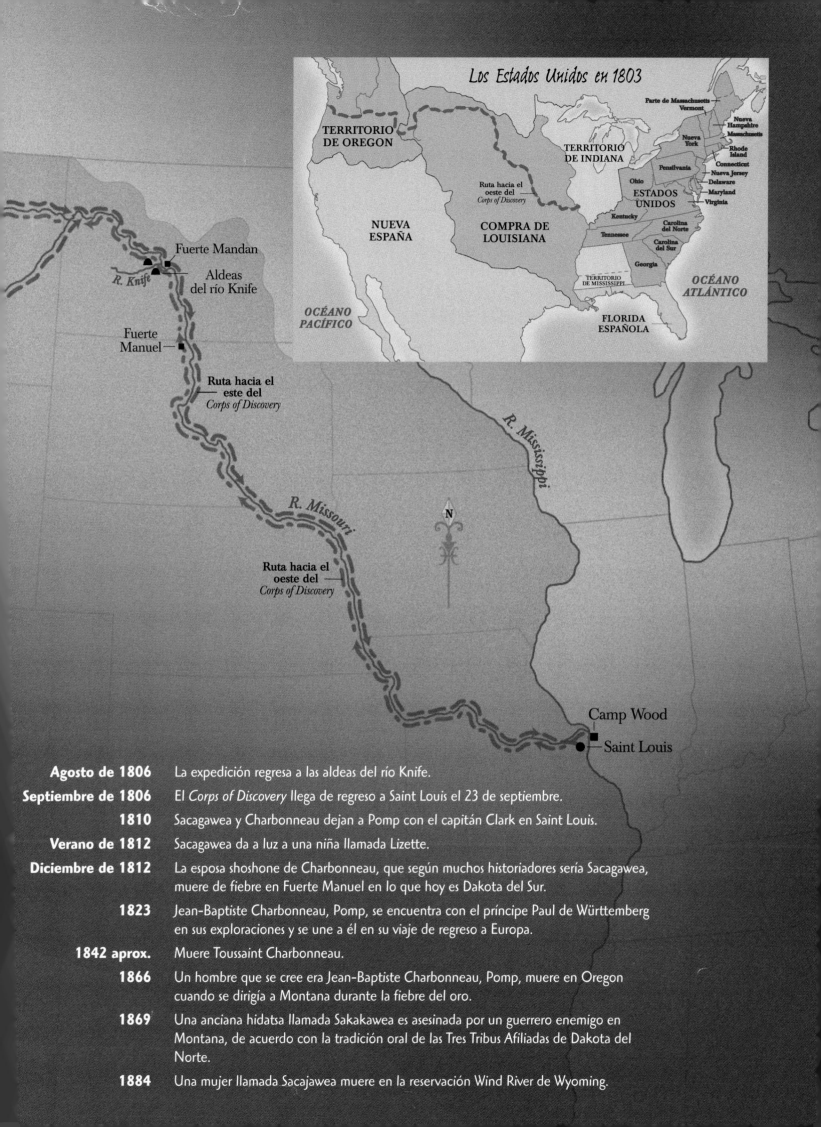

Los Estados Unidos en 1803

TERRITORIO DE OREGON

TERRITORIO DE INDIANA

Parte de Massachusetts
Vermont

Nueva Hampshire

Nueva York

Massachusetts

Rhode Island

Connecticut

Pensilvania

Nueva Jersey

Ohio

Delaware

ESTADOS UNIDOS

Maryland

Virginia

Ruta hacia el oeste del *Corps of Discovery*

NUEVA ESPAÑA

COMPRA DE LOUISIANA

Kentucky

Carolina del Norte

Tennessee

Carolina del Sur

Georgia

TERRITORIO DE MISSISSIPPI

OCÉANO PACÍFICO

OCÉANO ATLÁNTICO

FLORIDA ESPAÑOLA

Fuerte Mandan

Aldeas del río Knife

R. Knife

Fuerte Manuel

Ruta hacia el este del *Corps of Discovery*

R. Mississippi

N

R. Missouri

Ruta hacia el oeste del *Corps of Discovery*

Camp Wood

Saint Louis

Agosto de 1806	La expedición regresa a las aldeas del río Knife.
Septiembre de 1806	El *Corps of Discovery* llega de regreso a Saint Louis el 23 de septiembre.
1810	Sacagawea y Charbonneau dejan a Pomp con el capitán Clark en Saint Louis.
Verano de 1812	Sacagawea da a luz a una niña llamada Lizette.
Diciembre de 1812	La esposa shoshone de Charbonneau, que según muchos historiadores sería Sacagawea, muere de fiebre en Fuerte Manuel en lo que hoy es Dakota del Sur.
1823	Jean-Baptiste Charbonneau, Pomp, se encuentra con el príncipe Paul de Württemberg en sus exploraciones y se une a él en su viaje de regreso a Europa.
1842 aprox.	Muere Toussaint Charbonneau.
1866	Un hombre que se cree era Jean-Baptiste Charbonneau, Pomp, muere en Oregon cuando se dirigía a Montana durante la fiebre del oro.
1869	Una anciana hidatsa llamada Sakakawea es asesinada por un guerrero enemigo en Montana, de acuerdo con la tradición oral de las Tres Tribus Afiliadas de Dakota del Norte.
1884	Una mujer llamada Sacajawea muere en la reservación Wind River de Wyoming.

Bibliografía selecta

De Voto, Barnard, ed., *The Journals of Lewis and Clark.* Boston: Houghton Mifflin, 1953.

Gilman, Carolyn, y Mary Jane Schneider. *The Way to Independence: Memories of a Hidatsa Indian Family, 1840–1920.* St. Paul, MN: Minnesota Historical Society Press, 1987.

Reid, Russell. *Sakakawea: The Bird Woman.* Bismarck. ND: State Historical Society of North Dakota, 1986.

Rogers, Ken. "Sakakawea and the Fur Traders." Especial del *Bismarck Tribune,* 1998.

Wilson, Gilbert L. *Buffalo Bird Woman's Garden.* 1917. Reimpresión, St. Paul, MN: Minnesota Historical Society Press, 1987.

Wilson, Gilbert L. *Waheenee: An Indian Girl's Story.* 1921. Reimpresión, Lincoln, NE: University of Nebraska Press, 1981.